Escucha, escucha

escrito por **Phillis Gershator**

ilustrado por **Alison Jay**

HOUGHTON MIFFLIN HARCOURT
School Publishers

Escucha, escucha… dime, ¿qué oyes? ¡Insectos que cantan entre las flores!

Las moscas zumban, los grillos cantan, las abejas vuelan entre las plantas.

Las hojas se mueven, la hamaca se mece, los niños juegan y pescan peces.

Las nubes pasan, los perros corren. El sol sube y sube, y después se pone.

Escucha, escucha... el verano se ha ido. Los insectos parten, el otoño ha venido.

Se caen las bellotas. Juegan las ardillas.
Corren y corren, a ver si las pillan.

Maduran las manzanas y se ponen en cestas. Ya llegó el momento de la recolecta.

Por los anchos prados, la gente camina. Desde el cielo, las gaviotas miran.

Las hojas se caen y los gansos se alejan.

Los sombreros vuelan, los búhos se quejan.

Escucha, escucha... el otoño se ha ido. Llega el invierno tan divertido.

Cuánto silencio en la noche nevada. La blanca nieve cubre las casas.

Se ponen botas para la nieve. Van en trineo los que se atreven.

Unos patinan, otros esquían, se hacen muñecos en las esquinas.

Dentro de casa, a la luz de las velas.

Los gatos descansan por la chimenea.

Escucha, escucha... el invierno se ha ido. Los pájaros cantan, el sol ha salido.

Brotan los bulbos. Crecen las flores. Cantan y lucen bellos colores.

Cuenta la gallina seis pollitos nuevos
que pían al romper los huevos.

Ranas que juegan en el estanque. Los patos caminan hacia adelante.

Llegan las nubes y empieza a llover. El gato corre y no sabe qué hacer.

Escucha, escucha... la primavera se ha ido. Otra estación viene seguido.

En el cielo, en la tierra, despierto o dormido. Presta atención, ¿qué es ese ruido?

Escucha, escucha... el verano ha venido.

Se oyen insectos y sus zumbidos.

Las abejas zumban y cantan los grillos, entre las plantas.

En el verano, ¿puedes ver

un grillo

una mariposa

un mosquito

una abeja

una libélula

un saltamontes

un escarabajo

un girasol

una margarita

una hoja?

En el otoño, ¿puedes ver

un búho
un ganso
una bellota
una ardilla

una espiga de trigo
una manzana

una calabaza
una mazorca
una gaviota
una hoja?

En el invierno, ¿puedes ver

un cuervo

un estornino

un copo de nieve

un carámbano

una chimenea

una huella

un ratón

un trineo

una hoja?

En la primavera, ¿puedes ver

una campanilla

un narciso

un tulipán

una golondrina

un pollito

un conejo

un pato

una rana

un arco iris

una hoja?

A Tessa, por todas las estaciones — P. G.

A Simon (S.P.), con cariño, de Alison (R.M.) xx — A. J.

Copyright © by Houghton Mifflin Harcourt Publishing Company

All rights reserved. No part of this work may be reproduced or transmitted in any form or by any means, electronic or mechanical, including photocopying or recording, or by any information storage and retrieval system, without the prior written permission of the copyright owner unless such copying is expressly permitted by federal copyright law. Requests for permission to make copies of any part of the work should be addressed to Houghton Mifflin Harcourt Publishing Company, Attn: Contracts, Copyrights, and Licensing, 9400 SouthPark Center Loop, Orlando, Florida 32819.

Acknowledgments

Listen, Listen by Phillis Gershator and Alison Jay. Text copyright © 2007 by Phillis Gershator. Illustrations copyright © 2007 by Alison Jay. Reprinted with permission by Barefoot Books, Inc. All rights reserved.

Printed in the USA.

ISBN: 978-0-547-13216-7

123456789 – 0908 – 17 16 15 14 13 12 11 10

If you have received these materials as examination copies free of charge, Houghton Mifflin Harcourt Publishing Company retains title to the materials and they may not be resold. Resale of examination copies is strictly prohibited.

Possession of this publication in print format does not entitle users to convert this publication, or any portion of it, into electronic format.